À tous les Francophones de par le monde...

les perles togolaises et d'ailleurs
I

LES EDITIONS BLEUES

ISBN :2-913771-04-1

(Agence francophone pour la numérotation internationale du livre)

Printed by CreateSpace, An Amazon.com Company

ISBN 10: 2913771041
ISBN 13: 978-2913771048

Table des matières

L'amour

La fleur de l'existence réside dans l'amour.
L'amour possède bel et bien ce parfum unique de la vie que l'on nomme le bonheur.
L'essentiel de ma joie de vivre provient en effet de mes

amours fidèles.

Une saison sèche en enfer

Dix années plus tard, après mon très long séjour au pays des "longs manteaux", je reviens à ma terre natale.

Dix années plus tard, après ma très longue retraite hors de mon enfance et de mon innocence, je reviens à toi, femme noire de ma fatalité.

Dix années plus tard, après mon terrible périple au pays des "longs couteaux", je reviens à toi, femme noire, femme africaine.

Dix années plus tard, après ma révolution autour de la terre des peuples et des races, je reviens à toi, femme-mère, femme-symbole.

Dix années plus tard, après mes multiples amours multi-races, je reviens à toi, femme de ma race et de mes origines.

Dix années plus tard, après mes extraordinaires histoires d'amour-aventures, je reviens à toi, femme noire, ma préférence.

Dix années plus tard, après mes tourments et mes turpitudes au pays des "yovos" et des "toubabs", je reviens à toi, Afrique!

Dix annés plus tard, après mes catastrophes et mes déboires dans l'enfer Blanc, je reviens à toi, terre magique!

Dix années plus tard, après mes échecs et mes déconfitures au pays de la confiture et des échecs, je reviens à toi, femme de mes rêves, rêves magiques.

Dix années plus tard, après mes rêves déchus et mes déceptions au pays des échecs et de hasard, je reviens à toi, pays complice, pays liberté.

Dix années plus tard, après mes compromis et mes erreurs face au péril Blanc et Occidental, je reviens à toi, mère-patrie, patrie-mère.

Dix années plus tard, après mes différends et mes différences dans l'indifférence et le froid, je reviens à toi, Mélodie, mon amour.

Dix années plus tard, après mes craintes et mes angoisses au pays de la peur et des révolutions, je reviens à toi te chanter mes mélodies d'amour, amour filial, amour tout court.

Dix années plus tard, après mes "tralalas' et mes revers de médailles dans la citadelle-civilisation nommée Occident, je reviens à toi, ma pauvre Afrique!

Dix années plus tard, après mes décisions et mes

orientations caduques quant aux valeurs et normes de l'Occident conquérant colonisateur commerçant perfide, je reviens à toi, Afrique, ma Belle.

Dix années plus tard, après mes défaites et mes désillusions face aux ennemis de la Civilisation Noire et africaine, Nation Noire et africaine, Nation divine, je reviens à toi, ma terre, terre promise.

Dix années plus tard, après mes débandades et mes escapades à tavers l'enfer des enfants Noirs et africains, je reviens à toi, ma foi et mon espérance, ma raison et mon ignorance, Afrique!

Dix années plus tard, après ma solitude et mes sollicitudes dans la profondeur des ténèbres Blanches, je reviens à toi, mon honneur et ma gloire, divine Afrique!

Dix années plus tard, après mes disgrâces et mes désaccords vis à vis du Pouvoir Blanc et technologique, je reviens à toi, mon sens et ma réalité, continent sous-équipé, continent sous-developpé, avenir de l'humani-té, glorieuse Afrique!

Dix années plus tard, après mes faux espoirs et mes joies artificielles dans l'enceinte de la forteresse Blanche et Occidentale, je reviens à toi, la plus belle, la plus séduisante, Afrique chérie.

Dix années plus tard, après mes ardeurs vaincues et

mes désirs éteints dans l'édifice du matérialisme et de l'in-
dividualisme, je reviens à toi, terre sainte, terre natale.

Dix annés plus tard, après mes rites et mes habitudes sur la
terre des hommes Blancs, je reviens à toi, coutunes
Noires, valeurs Noires, références Noires, symboles
Noirs.

Dix années plus tard, après mes succès factices et mes té-
moignages ambigus quant à mes origines et mon Pouvoir,
je reviens à toi, noyau de ma puissance, mère nourricière.

Dix années plus tard, après mes combats contre l'"armée
du salut" et mes calamités sur la terre de l'esclavage et de
l'intolérance, je reviens à toi, Liberté!

Dix années plus tard, après mes histoires d'épouvante et
mes romans d'espionnage au pays du mirage industriel, je
reviens à toi, Homme, Terre des hommes.

Dix années plus tard, après mes tentatives de regrouper les
Noirs et Africains sur la terre, je reviens à toi,
bonheur immatériel, recherches irréelles.

Dix années plus tard, après les vicissitudes d'une existence
précaire et les craintes quant à un destin inno-
cemment illustre, je reviens à toi, travail marginal, tra-

vail imaginaire.

Dix années plus tard, après les séquelles et les malversa-
tions du sort et de l'histoire, je reviens à toi, signe de ma
liberté et de mon salut, inventions sublimes.

Dix années plus tard, aprés mes prouesses illusoires au Sec-
ondaire, et mes échecs plein de mystères au Supérieur, me
voilà au paradis de mon imagination avec mes rêves sub-
limes, réalités futures, images éternelles.

Un poème à vers répétitifs
Lomé, le 2 août 1987

Vas-t'en, Yoyo

Yoyo, crois-tu que l'espoir de ton amour pour moi, réside dans les sollicitudes de ta propre souffrance?

Crois-tu que l'espoir de ton bonheur, est un oiseau de feu?

Crois-tu que l'espoir d'un futur sans avenir pour nous deux, est une promesse du destin?

Crois-tu que l'espoir de ta vie sans mon amour pour toi est une certitude sans fondement?

Crois-tu que l'espoir d'un lendemain sans amour, est une consolation à ta brillante carrière?

Crois-tu que l'espoir du passé d'un amour à jamais détruit, est un souvenir sans souffrances?

Crois-tu que l'espoir de ta réalité de femme sans mon amour pour toi, est une fatalité?

Crois-tu que l'espoir de ton absence dans le silence de ma solitude, est mon seul espoir?

Crois-tu que l'espoir de notre romance sans fin, ni commencement, est le mérite de mon chagrin?

Crois-tu que l'espoir de ton exil sans objectifs et sans lendemain, est un gage de notre avenir sans amour?

Crois-tu que l'espoir de notre reconciliation à jamais compromise, est une vérité dépassée?

Crois-tu que l'espoir de nos rêves d'amour irréalisés, est une contrainte à ta faute?

Crois-tu que l'espoir de mon désespoir d'avoir perdu l'amour de ma vie, est une injustice à ta vie?

Crois-tu que l'espoir de ton attente d'un amour autre que moi, est un vain espoir?

Crois-tu que l'espoir d'une vie d'amour autre que celle que je t'ai promise, est une irrévérence à ton inquiétude?

Crois-tu que l'espoir d'une alliance autre que celle que nous nous sommes promise, toi et moi, est une imprudence à ta lâcheté?

Crois-tu que l'espoir d'un enfant autre que celui que tu m'aurais donné, est une brèche à ta cruauté?

Crois-tu que que l'espoir de ta liberté que tu as conquise de la providence et du sort, est une marque de ton entêtement?

Crois-tu que l'espoir de ta bonté envers tes parents, est

une compensation à ton intransigeance envers l'être aimé?

Crois-tu que l'espoir de ta soumission à ton oncle, est la révélation de ta faiblesse?

Crois-tu que l'espoir de perdre à jamais un amour fidèle, est une preuve de ta mauvaise conduite?

Crois-tu que l'espoir de me voir revenir à toi, est mon seul espoir?

Reviens, Yoyo, si le cœur t'en dit ou vas-t'en, puisque les jeux sont déjà faits;

Reviens, ma tendresse, si tu as le cœur tendresse ou vas-t'en, puisque la partie est déjà jouée;

Reviens, mon printemps à moi, si tu le veux ou vas-t'en, puisque nos buts ne sont plus les mêmes;

Reviens, ma colombe à moi, si tu en fais le serment, ou vas-t'en, puisque nos convictions ne sont plus les mêmes;

Reviens, ma perle noire, si tu m'aimes toujours ou vas-t'en, puisque nous sommes devenus indifférents l'un à l'autre;

Reviens, ma maîtresse à moi, si tu m'honores toujours

ou vas-t'en, puisque dès à présent, nous nous mépri-
sons;

Reviens, ma douce créature à moi, si tu m'adores toujours,
ou vas-t'en, puisque nous ne croyons plus à notre amour;

Reviens, ma préférence à moi, si tu m'appartiens toujours,
ou vas-t'en, puisque nous appartenons aujourd'hui à deux
mondes différents;

Reviens, ma douce captive, si tu te considères toujours ma
femme, ou vas-t'en, puisque le destin nous a à ja-
mais séparés;

Reviens, ma promise, si tu me réclames toujours, ou vas-
t'en, puisque nous ne nous appartenons plus;

Reviens, ma conquête et mon empire, si tu espères tou-
jours en moi, ou vas-t'en, puisque nos routes se sont à ja-
mais séparés;

Reviens, ma princesse et ma révérence, si tu me vénè-
res toujours, ou vas-t'en, puisque tu te soustrais doréna-
vant à mon autorité et à ma grâce;

Reviens, ma chasse gardée, si tu demeures ma courtisane
et mon associée, ou vas-t'en, puisque notre amour n'a plus
de valeur;

Reviens, ma chérie, si tu espères toujours vivre ta vie, un jour, à côté de moi, ou vas-t'en, puisque notre alliance est à jamais rompue;

Reviens, ma chère fiancée, si tu désires toujours notre mariage, ou vas-t'en, puisque tu as décidé de laisser mourir ton amour pour moi;

Reviens, mon amour d'enfance et de mon adolescence, si tu as foujours envie de jouer avec moi, ou vas-t'en, puisque nos rêves et nos projets ont tous échoué;

Reviens, ma femme espérée et ma complice, si tu veux toujours devenir mon épouse, ou vas-t'en, puisque nous nous sommes parjurés;

Reviens, ma consolation et mon espérance, si tu veilles toujours sur moi, ou vas t'en, puisque nous nous sommes devenus des étrangers;

Reviens, mon complément et mon second, si tu me proposes toujours ta main, ou vas-t'en, puisque nous nous sommes quittés sans nous dire adieu;

Reviens, ma belle, si tu hais ta solitude présente, ou vas-t'en, puisque tu t'es habituée à la monotonie de la vie à Paris;

Reviens, ma providence, si tu m'admires toujours com-

me avant, ou vas-t'en, puisque ton amour pour moi a
flétri;

Reviens, ma déesse d'amour, si tu es lasse de vivre sans
amour, ou vas-t'en, puisque notre passion est morte;

Reviens, ma chair et mon sang, si tu assumes toujours
ta valeur de femme idéale, ou vas-t'en, Yoyo, puisque tu
m'as désobéi.

Un poème à vers conjugués

Lomé, le 28 mars 1988

René de Renée

Renée, voici la rose rouge que je t'ai refusée, il y a douze années de cela, à Paris.

L'histoire d'un jeune homme, amoureux de sa maîtresse Gitan;

L'histoire d'un garçon un peu fou, follement épris d'une femme follement belle et follement riche;

L'histoire d'une rencontre suréelle entre une nymphe et un Noir;

L'histoire d'une faiseuse d'histoire et d'un romantique;

L'histoire d'une trop longue nuit d'amour sans lendemain;

L'histoire d'une femme miraculée et d'un jeune homme sorti d'un conte de fées;

L'histoire d'un rêve d'amour interrompu, parce que trop réaliste;

L'histoire d'un voyage au monde de l'imaginaire vécu;

L'histoire d'un présent passé sans futur;

L'histoire d'un journal écrit pour être lu un jour;

L'histoire d'un livre de comptes plein de râtures;

L'histoire d'une émeraude en diamant doré;

L'histire d'un pendatif en argent et d'une chaînette en argent;

L'histoire d'une montre à quartz et d'une montre en or;

L'histoire d'une fête d'anniversaire aux "deux cent copains et copines";

L'histoire d'un diner chez Rejane;

L'histoire du mari Michel sympathique et menaçant;

L'histoire d'une caserne près du Val de Grâce;

L'histoire d'un jour et d'une nuit;

L'histoire d'un regard noir plein d'amour;

L'histoire d'un rire aux éclats d'or et d'argent;

L'histoire d'un train et d'un lit-couchette Marseille-Paris;

L'histoire d'un départ à Roissy et d'une arrivée à l'-

"Hotel le Benin";

L'histoired'une gourmette marquée "Août 78";

L'histoire de quarante neuf lettres d'amour;

L'histoire de l'accomplissement d'une adolescence;

L'histoire de l'accomplissement d'une renaissance;

L'histoire d'une super nana brune argent;

L'histoire d'une blonde imaginaire et sophistiquée;

L'histoire d'un échec scolaire et d'un périple en France;

L'histoire d'un rapide songe d'été ininterrompu;

L'histoire d'un étudiant Noir dans un rêve noir parisien;

L'histoire d'une Camarguaise et d'un Mina;

L'histoire d'une femme-rossignol et d'un maître-chanteur;

L'histoire d'un film d'amour sur fond lumineux;

L'hitoire d'une relation passion et d'une relation tendresse;

L'histoire d'une tatoueuse et d'un marqueur;

L'histoire d'une fugue et d'une romance;

L'histoire d'une échappée sauvage en désorrdre;

L'histoire d'une arène où s'affrontent un Noir et une Blanche;

L'histoire d'un port industriel et d'un champ de blé;

L'histoire d'une escroquerie honnête et d'un pardon violent;

L'histoire d'une idylle rose rouge bonbon;

L'histoire d'une fleur sauvage et d'un cœur doux.

Un poème à vers conjugués
Lomé, le 31 août 1987

La fille aux yeux verts vipère

Mes chers copains, je vous conte à présent l'histoire d'-une blonde très, très belle.

Le conte d'une vipère blonde ou d'une blonde vipère, croisèe un matin dans mon école.

Le conte d'une belle vipère aux yeux vipère, métamorphose d'une très, très belle fille, en vipère.

Le conte d'une très, très belle inconnue qui s'est transformée, sous mes yeux, en une vipère verte.

Le conte d'une blonde très, très belle, mais aux yeux verts vipère.

Ce conte, voyez-vous, mes chers copains, je le dédie à toutes les nanas super belles et super sympas.

Ce conte, vois-tu Véronique, je te le dédie, en témoignage de mon coup de foudre pour toi.

Ce conte, en vérité, est le conte de tous les mecs super beaux et super sympas amoureux d'une femme serpent.

Ce conte, croyez-moi, mes chers copains, esr un aveu de ma connerie, un jour où je fis la rencontre d'une super blonde, super belle, aux yeux verts vipère.

Ce conte, crois-moi, ma belle Véronique, est une confession de ma peur, quand tu me fis comprendre que je ressemble à un Noir que tu aimerais avoir.

Ce conte, je vous en conjure, mes chers copains, est une révélation de mon impuissance, quand Véronique, les yeux verts-vipère, m'attendait à un coin de mon école, un après-midi de printemps.

Ce conte, je t'en conjure, ma belle Véronique, est une déclaration d'amour, quand mes copains, à la sortie de l'école, m'ont demandé porquoi je fuyais.

Ce conte, je vous le certifie, mes chers copains, est un renoncement au bonheur, quand le bonheur vous fout la trouille.

Ce conte, je te le certifie, ma fascinante Véronique, est une consolation à ma tristesse, quand je me rappelle que je t'ai fui par peur lorsque tu as compris que je voulais t'attraper.

Ce conte, je vous le jure, mes chers copains, est une plainte à la providence d'avoir tenu sa promesse de me séduire une vipère déguisée en femme pour me séduire et m'appartenir.

Ce conte, je te le jure, ma cruelle Véronique, est un sa-crifice de mon amour pour toi à ma crainte de te vouloir du mal parce que tu étais trop belle.

Ce conte, je vous le répète, mes chers copains, est une ode à une fille aux yeux verts-vipère qui sortit un matin d'un amphithéâtre de mon école pour venir se blottir contre moi, à une table de la cafétaria.

Ce conte, je te le répète, ma capricieuse Véronique, est un chant d'amour que j'ai eu peur de te chanter à cause de la splendeur de ta beauté.

Ce conte, je vous assure, mes chers copains, est une tentative de renouer avec une liaison trop éphémère entre une blonde très, très belle aux yeux verts-vipère et un Noir très, très beau aux yeux noisette.

Ce conte, je te l'assure, ma précieuse Véronique, est ma réponse à ton vœu avoué de m'aimer dans l'espace d'un jour, dans l'espace d'une éternité.

Ce conte, je vous en fais le serment, mes chers copains, est une sollicitude d'un cœur d'amour pour une glorieuse beauté en forme d'une femme blonde aux yeux verts vipère.

Ce conte, je t'en fais le serment, ma blonde vipère vermeil, est une prière pour te garder et pour te revenir.

Ce conte, je vous le dis, mes chers copains, est une supplication à la providence de me ramener ma vipère reine verte dorée.

Ce conte, je te le dis, ma belle danseuse aux yeux verts vipère, est un appel aux copains pour te ramener à moi dans ma forteresse verte vipère dorée.

Un poème à vers paraboliques
Lomé, le 30 Juin 1987

Jolie Nathalie

Nathalie, il me vient l'envie de te préciser les raisons pour lesquelles je ne t'ai jamais dit: Je t'aime.

Ces raisons sont nombreuses. Ces raisons sont au nombre de trente et un.

La raison pour laquelle je t'ai courtisée, est précisément la raison pour laquelle tu m'as aimé.

La raison pour laquelle je t'ai aimée, est précisément la raison pour laquelle tu étais détestée de Jojo et de tous les Noirs de mon campus universitaire.

La raison pour laquelle je te conseillais de ne pas prendre la carte d'adhésion au "Mouvement de Libération de la Femme", est précisément la raison pour laquelle tu refusais désespérément d'être la femme d'un homme.

La raison pour laquelle tu étais une fille frivole, est précisément la raison pour laquelle je te refusais mon intimité.

La raison pour laquelle je t'avais dit un jour: "Vas-t'en, je ne veux plus de toi", est précisément la raison pour laquelle tu me refusais ton intimité.

La raison pour laquelle tu méprisais les garçons de ton

âge, est précisément la raison pour laquelle je t'ai adorée.

La raison pour laquelle tu m'adorais, est précisément la raison pour laquelle tu voulais passionnément un enfant Métis de moi.

La raison pour laquelle tu m'as dit un jour: "Moè, toi, tu es vraiment différent des autres...", est précisément la raison pour laquelle je t'ai demandée d'être ma maîtresse.

La raison pour laquelle tu te refusais à te donner à moi, est précisément la raison pour laquelle je t'ai menti en te disant un jour: "Tu es vraiment unique, jolie Nathalie..."

La raison pour laquelle tu refusais désespérément d'avoir un amant, est précisément la raison pour laquel-le je te désirais passionnément.

La raison pour laquelle tu m'as trahi en refusant obstinément d'aller au bal avec moi, est précisément la raison pour laquelle j'ai décidé de te quitter.

La raison pour laquelle tu m'as dit un jour: "Moè, moi, quand je serai vraiment adulte, je vivrai, seule, dans mon joli appartement avec mon enfant, mon chien et mon chat..." est précisément la raison pour laquelle je ne t'ai jamais dit: "Je t'aime", adorable Nathalie.

La raison pour laquelle tu préférais ma compagnie à celle de tes copines, est précisément la raison pour laquelle je ne voulais plus une autre fille que toi.

La raison pour laquelle je te disais souvent que tu symbolisais à mes yeux le desespoir et le désarroi des filles de ma génération, est précisément la raison pour laquelle tu voulais à tout prix me garder.

La raison pour laquelle tu te croyais un objet de désir de l'homme, est précisément la raison pour laquelle je t'appelais: "Douce et legère Nathalie".

La raison pour laquelle tu t'imaginais l'oppressée de l'homme, est précisément la raison pour laquelle je te demandais vainement de croire à la bonté de l'homme.

La raison pour laquelle tu t'identifiais à une victime du sort, est précisément la raison pour laquelle je te disais que tu seras une "maman" parfaite.

La raison pour laquelle tu te comparais à mon "âme sœur", est précisément la raison pour laquelle je te prenais pour une jeune femme très seule.

La raison pour laquelle tu me reprochais d'être un peu "macho" avec les nanas, est précisément la raison pour laquelle j'étais très tendre avec toi.

La raison pour laquelle tu me prenais pour un homme

trop sévère pour toi, est précisément la raison pour laquelle je ne t'ai jamais grondée.

La raison pour laquelle je te chérissais est précisément la raison pour laquelle tu ne voulais plus un garçon autre que moi.

La raison pour laquelle tu m'as abandonné un soir pour partir avec ta meilleure amie, est précisément la raison pour laquelle je ne t'ai jamais dit: "Je t'aime", prétentieuse Nathalie

La raison pour laquelle tu m'as demandé un jour de t'embrasser alors que tu ne m'as jamais dit: "Je t'aime", est précisément la raison pour laquelle je refusais de toutes mes forces de devenir un pion sur l'échiquier de ta vie.

La raison pour laquelle tu m'as avoué un soir que ta vie sans moi, est un échec, est précisément la raison pour laquelle je te trouvais une femme sans avenir sans l'amour d'un homme.

La raison pour laquelle je t'ai demandé un jour si tu ne te leurrais pas en déclarant à toutes tes copines que j'étais "ton mec", est précisément la raison pour laquelle Sylvie, ta meilleure amie est tombée amoureuse de moi.

La raison pour laquelle je t'ai toujours traitée de gourde,

est précisément la raison pour laquelle tu prenais les garçons de ton âge pour des jouets grotesques et réacs.

La raison pour laquelle tu me prenais pour ton seul ami et ton confident, est précisément la raison pour laquelle je voulais de toi comme copine de cheval.

La raison pour laquelle tu m'as repoussé comme amant et désiré comme fiancé, est précisément la raison pour laquelle je t'ai aimée sans te l'avouer.

La raison pour laquelle tu m'as détesté comme ton petit copain et adoré comme ton ange gardien, est précisément la raison pour laquelle je ne souhaite plus te revoir.

La raison pour laquelle tu m'as méprisé comme un garçon de ta génération et vénéré comme un homme amoureux de toi, est précisément la raison pour laquel-
le je t'ai menti en te faisant croire que tu étais la seule nana que j'avais.

La raison pour laquelle je t'ai méprisée comme femme intellectuelle et sous-estimée comme femme tout court, est précisément la raison pour laquelle tu me réclames pour enfin vivre de mon amour, pour toujours.

Un poème à vers paraboliques
Lomé, le 3 Janvier 1988

.

Une femme idéale

Je ne prétends pas réécrire mon destin conjugal en affirmant tout doucement que la tendre Dakaroise Toucouleure avec laquelle je sors à présent, représente à mes yeux, un modèle de femme qui me fait imaginer que l'Ivoirienne de mes rêves que j'attends pour célébrer mes fiançailles, demeure ma femme idéale en ce sens qu'elle aurait un plus qui fait la différence: Elle m'avouera, avant même que je ne lui dise quoi que ce soit, que je suis Dieu métamorphosé en un jeune
Togolais dont elle a déjà rêvé.

Je ne prétends pas poser Dyénaba, ma "Belle de Dakar" comme la remplaçante attitrée de ma mystérieuse "compagne pour l'éternité que je rencontrais, un après-midi, à la bibliothèque du Centre culturel Français de Lomé et que je n'ai malheureusement pas eu l'occasion de revoir; mais une chose est sûre, Dyénaba est terriblement têtue et préfère me prendre pour un malheureux victime des caprices de Dieu. Ce qui me rend infiniment malheureux et je compte la "laisser tomber" ce soir même à son retour de chez Géraldine, l'une de mes demi-sœurs.

Je ne prétends pas m'infliger à partir de maintenant jusqu'à ce que je trouve une remplaçante à Dyénaba en la personne de Mathilda ou d'une autre sublime femme, une dure abstinence sexuelle; mais je crois que je ferai

bien de ne plus faire l'amour avec Dyénaba afin de me re-
faire ma santé morale qui consiste à me faire reconnaî-
tre au moins par ma compagne comme effectivement Dieu
dont je pense être l'incarnation.

Je ne prétends pas, ma foi, dorénavant interdir à
Dyénaba de venir jusqu'à mon appartement, étant donné
qu'elle y vient par envie exclusif de faire l'amour avec moi
ou de me "faire chier" en me prenant pour un homme de
génie qui recèle l'exécrable défaut de se prendre, à son
grand désarroi, pour Dieu le Tout-Puissant en personne;
mais je précise qu'elle ne sera jamais mon épouse légitime,
c'est à dire cette femme idéale avec laquelle je célébrerai
mon marriage civil souligné par une grandiose fête et un
voyage de noces, si elle décide de rester Musulmane pour
la vie.

Je ne prétends pas résumer Dyénaba comme une Musul-
mane extrêmement fervente qui s'imagine pouvoir conver-
tir au moins l'homme qu'elle épousera à l'islam et qui rêve
aussi de devenir une "Hadja" extrêmement fortunée, mais
je donnerai tout pour ne pas croire qu'elle n'a strictement
aucune chance avec moi, puisque ma compagne de tous les
instants doit obligatoirement être une Moèiste idéale, c'est
à dire une femme qui pense que je suis effectivement le
véritable "Messie" ou la "Rédemption universelle"

Je ne prétends pas donner somme toute, ma "Grande

-Royale" dont je reste pourtant fou amoureux comme une personne qui ne perçoit nullement l'astuce de tout mon raisonnement qui consiste à chercher à me sentir et m'établir Dieu-notre Père céleste à partir du moment où je fus absolument persuadé qu'il a pris ma destinée directement en charge, et qui consiste également à reconnaître qu'aujourd'hui je crois éperdument à tout ce que j'établis comme si c'était ma propre rédemption; mais j'imagine qu'elle doit bien s'étonner quand, dans mon langage parlé, je parle toujours de Dieu comme une personne autre que moi, à cause de mes vieux réflexes mentaux.

Je ne prétends pas justifier par tous les moyens que j'ai cessé d'avoir envie de dormir avec Dyénaba parce que cette dernière ne m'honore pas comme quelqu'un qui lui dit tout le temps la vérité, et surtout parce qu'elle doit croire que mon auto-proclamation Dieu le Tout-Puissant devrait s'interpréter comme une folie bien excusable de ma part et une grosse blague dont il faut rire de la part de notre Père céleste; mais je donne Dyénaba actuellement et pour toujours comme une femme qui a tout pour être absolument heureuse sauf moi qui lui fait cruellement défaut.

Je ne prétends pas décider tout seul et unilatéralement la mise à la quarantaine de ma liaison amoureuse avec Dyénaba, parce que cette dernière cherche à me mani-puler sentimentalement, c'est à dire qu'elle cherche à obtenir ma soumission à sa personne par le biais de ses intrigues amoureuses visant à me rendre jaloux de ses innombrables courtisans; mais je dis simplement que j'en ai marre de son caractère rejetant toutes formes d'autotité, et même la mienne.

Je ne prétends pas m'afficher dorénavant comme la possibilité offerte par la providence à Dyénaba de se convertir au "Moèisme", ma religion et mon temple, afin de mieux m'appartenir comme elle le souhaite de tout son cœur; mais je définis son attitude actuelle à mon égard comme une supplication à mon auguste personnage de daigner lui faire comprendre comment par miracle, du simple Catholique pratiquant que j'étais, je pus prétendre aujourd'hui m'identifier à l'incarnation de Dieu le Tout-Puissant, si ce n'est le "Porte-parabole" de ce dernier!

Je ne prétends pas faire partager coûte que coûte à Dyénaba ma joie infinie devant le premier témoignage de mon identité révélée par mes écrits miraculeux comme la Conscience suprême, Créateur de l'Univers visible et invisible; mais je pense tout simplement qu'elle doit, elle aussi, savourer la joie infinie d'être une de mes compagnes immortalisées du fait de sa passion pour moi.

Je ne prétends pas faire dire à Dyénaba que la Terre lui semble infiniment bienheureuse et la vie infiniment douce lorsqu'elle se considère ma propriété absolue et ma compagne fidèle; mais je crois bien que hors de moi et de ma compagnie, elle doit dorénavant maudir tous ces hommes et femmes qui pensent bien la posséder.

Je ne prétends pas déterminer résolument Dyénaba ma belle, à rêver qu'elle me donnera tous les enfants qu'elle souhaiterait avoir; mais je parie que si elle tombe enceinte de moi aujourd'hui, elle se retrouverait entre le marteau et l'enclume, entre ses parents musulmans fervents qui doivent me rejeter de prime abord parce que je ne suis pas comme eux, et moi qui suis ravi à l'idée de devenir "papa" à l'âge de trente-quatre ans et épouse légitime de Dyénaba.

Un poème à vers répétitifs
Lomé, le 30 Août 1991

Défends-toi donc, Monique

Monique, j'ai une terrible affaire à te révéler.

Cette affaire est la signification de notre longue promenade, par un soir d'automne, le long d'un fleuve.

Cette affaire est notre romance d'un soir d'automne au bord du Rhône.

Cette affaire est notre flirt très simple, un soir d'automne, à Lyon.

Cette affaire est notre rencontre à l'Université de Lyon II, à Lyon.

Cette affaire est notre péché d'un soir d'hiver, à Villefranche-sur-Saône.

Cette affaire est notre séparation d'un soir d'été, à Lyon.

Cette affaire est notre nuit d'amour, en plein hiver, aux abords d'un cours d'eau.

Cette affaire est notre querelle de rien du tout un midi de printemps, devant une gare, à Lyon.

Cette affaire est notre ressemblance sentimentale au plus

fort de notre amour.

Cette affaire est notre différence émotive, au plus fort de notre désespoir.

Cette affaire est notre unité active, au plus fort de notre infortune.

Cette affaire est notre adversité commune, au plus fort de notre union.

Cette affaire est notre bon cœur, au plus fort de notre mauvaise fortune.

Cette affaire est notre souffrance commune, au plus fort de notre désunion.

Cette affaire est notre roman-photo complet et inédit, vécu au plus fort de notre jeunesse.

Cette affaire est notre histoire d'amour, quand tu étais en première année d'histoire.

Cette affaire est notre tentative de nous soustraire toi et moi, pour toujours, aux normes de la société de consommation.

Cette affaire est notre volonté commune d'apprendre aux hommes l'espérance en l'homme.

Cette affaire est notre morale commune, qui se veut humaniste et humanitaire.

Cette affaire est notre identité quant à la foi en l'avenir de l'humanité.

Cette affaire est notre certitude quant à l'éternité de l'homme.

Cette affaire est notre goût commun de la justice et de la vérité.

Cette affaire est notre désir commun d'unir toutes les races de la terre, puisque tu étais Blanche et que je suis Noir.

Cette affaire est notre envie commune de conseiller aux hommes et aux peuples de ne plus jamais faire la guerre.

Cette affaire est notre décision commune de ne jamais mourir.

Cette affaire est notre refus commun de la mort et de l'injustice.

Cette affaire est notre reconnaissance commune de la réalisation future de la "Grande Famille Humaine".

Cette affaire est notre rêve commun de l'an 2000, debut

d'une ère magique pour l'humanité.

Cette affaire est notre souhait commun de l'homme immor-
tel.

Un poème à vers paraboliques
Lomé, le 1 Juillet 1987

Holà! Fabienne

Fabienne, je comprends à présent pourquoi tu as toujours voulu être un homme, au lieu de la belle intellectuelle que tu as toujours été, depuis toujours.

Je comprends dorénavant pourquoi tu me jugeais trop doux pour n'avoir pas été la fille que tu aurais aimé épouser.

Je comprends dès à présent pourquoi tu m'interdisais de t'appeler: "ma lesbienne", ma Fabienne.

Je comprends désormais pourquoi tu jalousais tes copines qui étaient toutes amoureuses de moi.

Je comprends dès aujourd'hui pourquoi tu m'appelais: "mon joli Joseph", ou bien "mon petit Moè".

Je comprends enfin pourquoi ton père à qui tu m'as présenté comme ton amant, espérait faire de moi son gendre Noir et africain.

Je comprends enfin pourquoi tes études de lettres modernes comptaient beaucoup pour toi, au même titre que nos longues discussions nocturnes et tardives.

Je comprends enfin pourquoi nous nous sommes tant

aimés, sans jamais faire l'amour, toi et moi.

Je comprends enfin pourquoi je me suis désinterressé, après t'avoir désirée comme épouse.

Je comprends enfin pourquoi tu t'es détachée de moi, après m'avoir sollicité durant des années, comme ton amoureux de futur époux.

Je comprends enfin pourquoi je t'ai disgrâciée après t'avoir honorée des années durant, comme la plus belle des intellectuelles parisiennes.

Je comprends enfin pourquoi tu m'as trahi avec une copine à moi, alors que tu m'as avoué que tu étais toujours pucelle.

Je comprends enfin pouquoi je t'ai avoué que je préférais Renée , au risque de te perdre à jamais.

Je comprends enfin pourquoi tu m'as dit un beau matin, que tu n'aimais pas que moi, mais aussi les jolies femmes d'un certain âge.

Je comprends enfin pourquoi je n'étais pas attaché à toi par les sentiments et les émotions, mais plutôt par nos goûts et nos idées.

Je comprends enfin pourquoi tu me recommandais de

ne prendre pour femme qu'une native de lion, en té-
moignage de la grande harmonie intellectuelle qui nous
liait.

Je comprends enfin pourquoi je suis tombé amoureux de
toi, alors que tu me disais que ta vie sans une femme, t'était
inimaginable.

Je comprends enfin pourquoi tu aimais bien mon copain
Placide, alors que tu lui étais complètement indifférente.

Je comprends enfin pourquoi je n'étais pas du tout d'accord
avec toi quand tu cherchais à me convaincre que l'homo-
sexualité était aussi normale que l'hétérosexua-lité.

Je comprends enfin pourquoi tu croyais de toutes tes forces
que l'être humain est un animal bisexué, alors que
l'homme est absolument différent de la femme quant à leur
sexe et à leurs gènes.

Je comprends enfin pourquoi je t'ai niée comme une
femme saine et pure, alors que tu n'étais que pudeur et
vérité.

Je comprends enfin pourquoi tu m'as menti une fois en me
promettant que tu dormiras avec moi après notre sortie du
cinema.

Je comprends enfin pourquoi je n'ai jamais cherché à te

courtiser, alors que tu me faisais presque la cour en me demandant de sortir avec moi.

Je comprends enfin pourquoi tu m'as toujours refusé ta tendresse et ton intimité. alors que je t'ai toujours avoué mon amour pour toi.

Je comprends enfin pourquoi je n'ai jamais su t'appartenir ou te revenir, alors que tu me faisais comprendre que c'était la condition à notre bonheur.

Je comprends enfin pourquoi tu me repoussais comme ton cavalier lors de nos surprises-parties à l'Institut autrichien, alors que je t'ai expliqué que la danse est le meilleur moyen pour une femme de séduire un homme.

Je comprends enfin pourquoi je te considérais comme une fille bien prude, alors que tu étais sans doute la plus émancipée des militantes passives du "M.L.F."

Je comprends enfin pourquoi je te repoussais comme compagne et maîtresse, et te désirais passionnément comme une amie et confidente.

Je comprends enfin pourquoi tu m'as dit un soir que ta sexualité exprimait ton vif dégoût de l'homme en tant que dominateur de la femme, et pourquoi je te charmais par ma bonté et mon intelligence.

Je comprends enfin pourquoi je t'ai finalement délaissée sachant pertinemment que je t'ai blessée, alors que tu n'as cessé de souhaiter devenir la maman d'une multitude d'enfants que tu m'aurais donnée.

Je comprends enfin pourquoi tu m'as obligé un soir à te séduire, alors que je ne pouvais pas prévoir que tu as décidé de te refuser à moi au dernier moment.

Je comprends enfin pourquoi je n'ai jamais cessé de penser à toi, alors que tu m'as toujours trompé avec les femmes.

Un poème à vers paraboliques
Lomé, le 2 Février 1988

Cette vache de Cynthia

Écoute , Cynthia, écoute l'histoire de cette chanson qui te ressemble à te méprendre.

Écoute cette complainte que te dédie Joseph ou si tu préfères Joe, ton terrible séducteur et soupirant,
Cynthia.

Écoute cette terrible mélodie d'amour que je te balance en plein visage, Cynthia.

Écoute cette terrible insulte que je te crache à la figure, en témoignage de mon amour offensé pour toi, Cynthia.

Écoute cette vilaine chanson d'amour que je te rabâche, afin que tu comprennes que je t'aime inutilement,
Cynthia.

Écoute cette lancinante parodie d'amour dont je t'affuble, afin que tu deviennes plus sage le jour où tu l'auras entendue, sacrée Cynthia.

Écoute cette franche définition du sentiment macabre que tu éprouves pour moi, et j'espère que tu seras enfin guérie de ta maladie d'amour pour moi, le jour où tu l'aurais entendue, Cynthia.

Écoute cette jolie pensée que je te livre, afin que tu réalises par toi-même comme tu m'aimes sans le savoir, et sans jamais me le prouver, depuis le jour où tu m'as vu, la toute première fois, chez Joseph, Cynthia.

Écoute, Cynthia, écoute.

Les océans, vois-tu Cynthia, m'ont dit une nuit, alors que j'étais noyé dans un rêve sans fond, à peu près ceci:

Il existe sur terre une jeune femme nommée Cynthia, adoratrice du génie des océans, nommée "Mamie water", détentrice d'un pouvoir magique caractérisé par une fascination sur les jeunes hommes de son milieu.

Il existe sur terre une jeune femme, nommée Cynthia, enfin amoureuse d'un jeune homme dénommé Joe.

Il existe sur terre une jeune femme nommée Cynthia, qui se plaît méchamment à séduire tous les jeunes hommes qui se rapprochent un peu trop de sa demeure et qui les méprise ensuite sans jamais leur témoigner la moindre marque de tendresse ou d'amour.

Il existe sur terre une jeune femme nommée Cynthia, une superbe dévoreuse de cœurs d'hommes, qui se complaît dans l'infidélité morale et spirituelle à la personne morale de son fiancé.

Il existe sur terre une jeune femme nommée Cynthia,

une magnifique magicienne, versée dans l'envoûtement et les sortilèges , qui s'enrichit au détriment de son bonheur conjugal, croyant détenir le secret d'un philtre d'amour.

Il existe sur terre une jeune femme nommée Cynthia, une détourneuse de jeunes hommes mariés, fort belle, qui croit établir une justice sentimentale entre les hommes sur terre en foulant au sol l'orgueil et le prestige des jeunes hommes-cadres ayant commis la faute de tomber amoureux d'elle.

Il existe sur terre une jeune femme nommée Cynthia, une coureuse de beaux jeunes hommes, un peu folle, un peu bizarre, qui s'imagine refaire l'humanité, en prétendant que les jeunes hommes d'aujourd'hui, mariés ou pas, recèlent tous un vice à réprimer, celui d'être foncièrement infidèle à la femme aimée, et qui par consé-
quent, méritent d'être punis comme tels.

Il existe sur terre une jeune femme nommée Cynthia, une penseuse "Mamie Water", qui se déclare en secret la vengeresse de la gent féminine, et qui pourfend la gent masculine , représentée par les jeunes hommes de mon âge en les taxant injustement de bourreaux de filles.

Il existe sur terre une jeune femme nommée Cynthia, une révoltée du pouvoir de l'homme mâle éternel, qui maudit le sexe mâle en déclarant que toutes les femmes du monde doivent refuser de faire l'amour avec les hommes qui leur sont infidèles.

Cynthia, voilà la pensée que j'ai voulu te dédier.

Cynthia, je t'assure que tu te trompes en faisant de moi un martyr de ton intolérance et de ta cruauté envers ton prétendu sexe mâle destructeur.

Cynthia, je t'assure que tu te goures en croyant que je te méprise du fait de ton manque de courtoisie et de tendresse à mon égard.

Cynthia, je t'assure que tu te plantes en pensant me faire innocemment du tort, à cause de mon refus de te manifester mon amour pour toi autrement que par mes vi-sites éclairs chez toi.

Cynthia, je t'assure que tu te leurres en t'imaginant une reine dévouée au génie des océans nommé "X' ou "Y", à qui tu prétends rendre un culte salutaire pour toi et pour les membres de ta famille originelle.

Cynthia, je t'assure que tu véhicules une morale malsaine, en professant que l'homme est forcément l'ennemi naturel de la femme en ce sens que la femme est en permanence l'objet de ses perfidies, de ses mensonges et de son infidélité.

Cynthia, je crains que tu ne vieillisses sans avoir connu mon amour passion pour toi, puisque tu refuses de servir de femme à l'homme, pour la vie éternelle.

Cynthia, je crains que tu ne meurs un jour sans avoir vécu notre belle histoire d'amour.

Cynthia, je crains que tu ne deviennes laide, à force de refuser d'être belle.

Cynthia, je crains que tu ne puisses plus faire l'amour avec un homme à force de te prendre pour l'ennemie de l'homme.

Cynthia, je crains que ne puisses plus jouir de ta vie, à force de ne plus croire en l'homme et en l'amour de l'homme.

Cynthia, je crains que tu ne deviennes un jour une vieille fille sans amour, pour ne vouloir que du tort à l'homme.

Cynthia, je cains que...

Un poème à vers manquants
Lomé, le 17 Août 1989

Douce Rébecca

Rébecca est une jolie Beure que i'ai rencontrée par hasard, en revenant chez moi, dans un train de la ligne de métro "Chatelet-Mairie des Lilas", en plein cœur de Paris.

Rébecca revenait d'un grand sommeil aphrodisiaque, sans doute occasionné par une super dose d'héroïne, lorsqu'elle retrouva, planté devant elle, un super Noir aux lunettes noires "style Ray Charles", enroulé dans un super manteau fourrure noir façon.

Rébecca qui a toujours rêvé de rencontrer en plein cœur de Paris, un soir ou une nuit, le plus beau des Noirs, croyant rêver, s'est frotté énergiquement les yeux et me dit d'une voix merveilleuse: "Salut..."

Rébecca fut l'instant d'après, totalement subjuguée par ma présence quand je retirais mes lunettes noires et lui répondais: "Salut, Beauté..."

Rébecca qui croyait que tous les Noirs "branchés" deParis et New-York aiment passionnément la drogue, se pencha sur moi, assis sur la banquette brune en face de la sienne, et me glissa à l'oreille: "Je peux essayer tes lunettes?"

Rébecca ne revenait pas de ses yeux quand je lui tendis

mes lunettes et lui fit comprendre que je la voulais.

Rébecca qui cromprit que je ne pouvais lui fournir de l'héro "because" je ne me "pique" pas, me remit mes lunettes noires après les avoir portées une ou deux mi-nutes.

Rébecca m'a dit alors: "Tu me plais..."
Je lui ai répondu: "Veux-tu passer la fin d'après-midi chez moi?"

Rébecca me fit un sourire superbe et me fit comprendre que ce "plan" intéressant venait de tomber à l'eau, parce qu'elle venait de se rappeler qu'elle avait une affaire très urgente à "boucler".

Rébecca sortit son carnet d'adresses et nota précieusement mon adresse et mon numéro de téléphone, avant de m'a-bandonner en sautant hors du métro à l'arrêt-station Belleville, qu'elle a failli râter.

Rébecca, avant de disparaître dans le néant de cette belle fin d'après-midi d'hiver, me fit comprendre par un geste du doigt qu'elle me téléphonera avant la nuit.

Rébecca réussit ainsi à m'échapper, alors que je pensais tenir l'amour d'une belle fille Arabe, tombée amoureuse, par hasard, d'un beau "Black" un peu trop passif pour n'avoir pas couru après elle, dans l'espoir de la prendre de vitesse.

Ainsi prend fin une romance à peine commencée, car Rébecca m'a tout de même fait savoir en l'espace de six minutes, qu'il était possible de trouver en un homme l'espoir d'un bonheur doux et profond dénommé l'amour.

Ainsi prend fin une chanson Kabyle que m'a fredonnée Rébecca, afin d'espérer un jour la revoir à nouveau.

Ainsi prend fin une idylle couleur héroïne, alors que l'héroïne promit de tout reprendre à zéro, un jour, un après-midi, une nuit peut-être, par hasard.

Ainsi prend fin un rêve d'un après-midi d'hiver sans neige, tandis que l'héros sans l'héroïne, jura de revenir un jour, plus tard, sur cette troublante affaire, afin d'y voir plus clair.

Ainsi prend fin une histoire d'amour héroïne, alors que Rébecca aurait voulu que tout se déroula autrement que sur cette seule note d'amour.

Ainsi s'achève la tentative de Rébecca de devenir la "Reine" d'un "Roi" Noir perdu en plein cœur de Paris ou de New-York.

Ainsi prend fin prend une belle histoire d'amour entre

une Négresse brune changée en une héroïne et un Noir Africain vénéré comme un prince.

Un poème à vers paraboliques
Lomé, le 2 Mars 1988

Une femme nommée Capricia

Capricia est le petit prénom d'une charmante, très charmante, très très très charmante dame, habitant à côté de ma maison via Lomé en allant à New-York ou à Abidjan.

Capricia est une très jolie femme qui me dépasse d'une dizaine d'années, mais qui paraît vingt ans de moins que son âge réel.

Capricia est une femme seule, avec un grand garçon d'une vingtaine d'années, et qui est courtisée en parti-culier par les garçons d'une trentaine d'années.

Capricia est une nymphe, mi-femme, mi-déesse, qui passe le plus clair de son temps à s'amuser avec les petits enfants, et qui par conséquent, a le caractère d'une femme-enfant.

Capricia est une femme religieuse qui un jour, eut un enfant d'un aventurier, quelque part en Afrique et non ailleurs, et qui depuis ce temps, refusa à tout jamais de mettre de nouveau un enfant au monde à cause sans doute, de la grande douleur physique que cela occasionne.

Capricia est une femme-singe ou une singe de femme,

très espiègle et très intelligente, qui vint au monde sans doute par curiosité de découvrir le bonheur d'être une femme aimée de tout le monde, et aimée d'amour de Joseph, son espèce de courtisan adoré.

Capricia est une femme tendresse ou une tendresse de femme, très caline et un peu trop séduisante peut-être, qui adore me taquiner et me faire de milliers de petites misères.

Capricia est une femme extraordinairement affable et extrêmement fragile, qui croît rêver lorsque je lui dis un jour: "Capricia, ou plutôt Caprice, je crois que je suis amoureux de vous..."

Capricia est devenue, à partir de ce jour, absolument absurde, puisqu'elle ne veux plus m'adresser la parole, sans doute par excès de timidité ou par excès de tendresse à mon égard.

Capricia est devenue à partir de cette époque, une femme complètement étrange, étant donné qu'elle me considère dorénavant comme un jeune homme à moitié fou, qui a eu la maladresse de la rendre amoureuse folle de lui.

Capricia est devenue à partir de ce temps, une femme cynique et méprisable, puisqu'elle ne me dit même plus "bonjour", sans doute parce que j'ai commencé à lui faire peur.

Capricia est devenue, après l'aveu de mon sentiment d'-
amour pour elle, une femme drôlement méprisante et ter-
riblement agaçante, puisqu'elle va répéter à qui veut
l'entendre que je suis le plus voyou du quartier et un "mec
sans job" par-dessus le marché.

Capricia est devenue depuis le fameux jour dont je vous
parle, une femme plutôt désemparée et affreusement
agacée, puisqu'elle n'ose plus me regarder dans les yeux
lorsqu'elle vient visiter notre maison à côté de la leur.

Capricia est devenue depuis ce grave incident, une femme
amère, puisqu'elle n'éprouve plus l'envie de jouer avec les
enfants qu'elle adore.

Capricia est devenue depuis ce terrible événement, une
femme un peu rejetée des jeunes de notre quartier, étant
donné qu'elle médit dès à présent de moi auprès d'eux,
sans arrêt.

Capricia est devenue depuis cet impardonnable affront à
son âge, à sa situation de mère-célibataire et d'employée
chez "John Holt", une femme réfractaire à toute tentative
de reconciliation de ma part et demeure comme à jamais,
détruite par ma déclaration d'amour.

Capricia est devenue depuis cette bouleversante affaire, une
femme volontairement cruelle avec moi, étant don-

né que la salope s'est jurée de ne plus me parler jusqu'à sa mort si je ne retirais pas ce que je lui ai dit, le fameux soir de l'aveu.

Capricia qui cache très certainement un secret au fin fond de son âme, m'apparaît comme une femme que je peux illustrer comme suit:

Capricia est une madone, peut-être comparable à la Vierge-Marie, qui ne se laisse jamais chevaucher par un cavalier nommé l'homme.

Capricia est une femme très, très malheureuse de vivre seule avec son grand garçon et ses parents, mais qui est forcément opposée à l'idée d'aimer un homme ou d'appartenir à un homme, sans doute par grande soif d'indépendance ou de liberté.

Capricia est une femme sans doute simple à vivre, mais qui recèle une immense tare, celle de n'avoir jamais su aimer un homme d'amour, peut-être par excès d'égoïsme ou d'individualisme.

Capricia est sans doute très amoureuse de son jeune cousin Joe, mais suffisamment prétentieuse et cavaleuse pour tourner ce sentiment sain et réel en une idée obsène et irréelle.

Capricia est sans doute très désireuse de faire l'amour

avec moi, mais suffisamment masochiste ou sadique pour refuser de satisfaire ce désir irrépressible et bien nature.

Capricia a très certainement envie de devenir ma maîtresse et même ma compagne, mais demeure irrémédiablement allergique à l'idée d'être la propriété d'un homme, en l'occurrence plus jeune qu'elle.

Un poème à vers répétitifs
Lomé, le 18 Février 1989

L'amitié

L'amitié se donne comme ce sentiment qui nous pousse à vouloir du bien absolu pour notre semblable.
Je crois que je compte autant de compagnons que d'amis sur terre.

Killiane et le autres

Killiane est le prénom d'un copain très, très cher à moi.

Killiane m'aime bien, et même par-dessus tous ses copains, parce qu'il doit se dire probablement que je suis l'homme le plus intelligent qu'il ait jamais rencontré.

Killiane est un jeune homme très, très beau, un des plus beaux hommes que j'ai jamais rencontrés.

Killiane a une très grande qualité: C'est un homme extrêmement sympa.

Killiane a un très grand défaut: C'est un homme qui est prêt à se sacrifier pour un type comme moi.

Killiane déteste par-dessus tout, quelque chose: Le fait d'apprécier un homme en fonction de l'argent qu'il a.

Killiane aime par-dessus tout, quelque chose: L'amour et l'amitié.

Killiane méprise royalement les gens qui croient que le mérite personnel d'un être humain réside exclusivement dans sa réussite sociale et non dans son humanité.

Killiane a décidé d'être tout simplement un grand musicien, parce qu'il doit probablement estimer qu'il recèle, comme je le pense aussi, un immense talent pour la musique.

Killiane vénère par-dessus tout chez l'homme ou la femme les qualités suivantes: La droiture et la franchise.

Killiane définirait volontiers la finalité de l'homme ou de la femme comme la pratique permanente de la justice et de la bonté.

Killiane signifierait volontiers sa vie par son goût extrême de toujours faire plaisir aux gens qu'il aime bien.

Killiane témoignerait volontiers que l'autorité de l'homme réside exclusivement dans sa générosité et sa disponibilité constantes envers les autres.

Killiane qui a toujours cru que les affaires consistent
non pas à s'enrichir au détriment des autres mais à tisser des relations humaines de plus en plus vastes, est à mes yeux, meilleur homme d'affaires que musicien.

Killiane qui a toujours su être doux voire tendre dans nos discussions et causeries entre copains, autour de bons repas bien arrosés à Asnières ou à Paris, demeure incontestablement l'ami le plus dur que je n'ai jamais eu.

Un poème à vers répétitifs
Lomé, le 2 Novembre 1988

La camaraderie

La camaraderie admet pour principe la communauté de vue et pour pratique un action commune.

Pour moi la camaraderie est désormais synonyme de Moèisme.

Les camarades du P.S.A.

Il est probable que de tous les syndicats étudiants français, celui qui m'a paru le plus favorable à mes idées, fut le Parti Socialiste Autogestionnaire(P.S.A.).

Il est probable que de tous mes camarades étudiants syndicalistes, ceux dont j'ai le plus apprécié les idées sur le cours des évènements du monde, furent les camarades du P.S.A.

Il est probable que ce furent les camarades du P.S.A. qui m'ont apporté le plus de réconfort moral et intellectuel, le temps de mon séjour de dix ans en France.

Il est probable que ce furent les camarades du P.S.A. qui ont le mieux accueilli mon idée d'œuvrer pour la fondation d'un État Noir africain.

Il est probable que ce furent les camarades du P.S.A. qui m'ont réellement témoigné de la sympathie quand je fis comprendre à tous les syndicats étudiants français, que je désirais regrouper les étudiants Noirs et africains de Tolbiac autour d'un Cercle d'entraide Noir et africain.

Il est probable que ce furent les camarades du P.S.A. qui manifestèrent une joie réelle quand j'expliquais à tous les syndicalistes étudiants français mon ambition d'élargir ledit Cercle d'entraide Noir et africain à la France toute entière, puis à l'Europe toute entière.

Il est probable que ce furent les camarades du P.S.A. qui me proposèrent une aide matérielle désintéressée pour la construction dudit Cercle Noir et africain à vocation européenne.

Il est probable que ce furent les camarades du P.S.A. qui me prodiguèrent les meilleurs conseils pour l'institution dudit Cercle d'entraide Noir et africain à l'Université de Paris I-Panthéon- Sorbonne-Centre Tolbiac.

Il est probable que ce furent les camarades du P.S.A.qui me protégèrent personnellement pendant la période de création dudit Cercle d'entraide Noir et africain à Tolbiac.

Il est probable que ce furent les camarades du P.S.A. qui les seuls, ont compris que j'avais quitté définitivement ledit Cercle d'entraide Noir et africain à cause de ma mésentente fondamentale avec mes camarades Noirs et africains du directoire.

Un poème à vers répétitifs
Lomé, le 20 Janvier 1989

Du même auteur:

- **POÈMES POUR L'AFRIQUE ÉTERNELLE** (Tomes 1, 2, 3, 4, et 5)

- **POÈMES BLEUS**

- **VIVE LES ÉTATS UNIS D'AMÉRIQUE!**

- **LA LOI DU PROFIT NUL**

- **L'EXPÉRIMENTATION DE LA LOI DU PROFIT NUL**

Achévé d' imprimé en Avril 2011 par
les ÉDITIONS BLEUES
mmessavussu@gmail.com
moemessavussu@hotmail.com

Dépot légal : Deuxième trimestre 2011
Numéro d'Éditeur ; 2-913-771
IMPRIMÉ AUX ÉTATS UNIS D'AM ÉRIQUE